El gozo de la

Navidad

El gozo de la CREER Navidad

EDITOR GENERAL
RANDY FRAZEE

La misión de Editorial Vida es ser la compañía líder en satisfacer las necesidades de las personas con recursos cuyo contenido glorifique al Señor Jesucristo y promueva principios bíblicos.

CREER - EL GOZO DE LA NAVIDAD
Edición en español publicada por
Editorial Vida – 2014
Miami, Florida

©2014 por Editorial Vida
Este título también está disponible en formato electrónico.

Originally published in the USA under the title:
Believe - The Joy of Christmas
Copyright ©2014 by Zondervan
Published by permission of Zondervan, Grand Rapids, Michigan 49530.
All rights reserved

Editora en Jefe: *Graciela Lelli*
Traducción: *Belmonte*
Adaptación del diseño al español: *Grupo Nivel Uno, Inc.*

A menos que se indique lo contrario, todos los textos bíblicos han sido tomados de La Santa Biblia, Nueva Versión Internacional® NVI® © 1999 por Bíblica, Inc.® Usados con permiso. Todos los derechos reservados mundialmente.

ISBN: 978-0-8297-6662-2

CATEGORÍA: BIBLIAS / Nueva Versión Internacional / Nuevo
              Testamento y Porciones

IMPRESO EN ESTADOS UNIDOS DE AMÉRICA
PRINTED IN THE UNITED STATES OF AMERICA

14 15 16 17 18 RRD 06 05 04 03 02 01

Tabla de contenido

Prefacio

Sucedió que un ángel del Señor se les apareció. La gloria del Señor los envolvió en su luz, y se llenaron de temor. Pero el ángel les dijo: «No tengan miedo. Miren que les traigo buenas noticias que serán motivo de mucha alegría para todo el pueblo. Hoy les ha nacido en la ciudad de David un Salvador, que es Cristo el Señor».

—Lucas 2.9–11

Permite que te haga una pregunta. ¿Eres parte del «todo» en las palabras «todo el pueblo»? Entonces esta promesa estaba dirigida a ti. Cuando Jesús entró en nuestro mundo envuelto en cálidas ropas y tumbado en un pesebre, la intención de Dios Padre era que eso te causara alegría.

Quizá estas Navidades te hayan pasado por encima; pero no tiene que ser así. La promesa de Dios sigue estando viva, y su ofrecimiento de alegría sigue estando a tu disposición.

Este librito pretende ayudar. Es una colección de historias de la Escritura desde Génesis hasta Apocalipsis organizado alrededor de tres temas clave de la fe cristiana: creencia, práctica y virtud.

Los tres tienen el secreto del ofrecimiento que Dios nos hace de alegría y gozo.

Creencia: Dios personal

Experimentar alegría o gozo comienza con creer que Dios participa y se interesa por mi vida cotidiana. ¿Crees eso?

Práctica: Oración

Para que una creencia tenga un impacto pleno en nosotros, no podemos tan sólo creerla en nuestra cabeza; también debemos creerla en nuestro corazón. Esta práctica espiritual ayudará a la creencia anterior a hacer el viaje de 30 centímetros desde la cabeza hasta el corazón.

Virtud: Gozo

Con el tiempo, el fruto del gozo aparecerá en tu vida. El gozo de Dios te permite experimentar contentamiento interior y propósito en medio de tus circunstancias, tanto buenas como malas. ¿Qué te parece eso?

Disfruta del regalo de la Palabra de Dios esta Navidad, y dentro de poco tiempo estarás cantando: "Al mundo gozo, el Señor nació".

—Randy Frazee
Editor general

CAPÍTULO

1

Dios personal

──────── IDEA CLAVE ────────

«Creo que Dios está involucrado en mi vida cotidiana
y se interesa por ella».

──────── VERSÍCULO CLAVE ────────

A las montañas levanto mis ojos;
¿de dónde ha de venir mi ayuda?
Mi ayuda proviene del SEÑOR,
creador del cielo y de la tierra.
Salmos 121.1–2

*El Dios de la Biblia es el único Dios verdadero:
Padre, Hijo y Espíritu Santo. Él es el eterno Dios
todopoderoso y omnisciente. Pero ¿es bueno?
¿Está involucrado en su creación? ¿Nos ama?
¿Tiene un plan para nosotros? ¿Está interce-
diendo e interviniendo para mover los eventos
de nuestra vida y nuestro mundo hacia su propósito? Pensemos en las siguientes historias y
decidamos por nosotros mismos.*

DIOS ES BUENO

*Abraham y Sara, los grandes patriarca y
matriarca del pueblo israelita, se llamaban en
un principio Abram y Sarai. Dios le había prometido a Abraham que sería el padre de una
gran nación, pero ¿cómo puede alguien ser el
padre de una nación si no tiene hijos?*

Saray, la esposa de Abram, no le había dado hijos. Pero como tenía una esclava egipcia llamada
Agar, Saray le dijo a Abram:

—El Señor me ha hecho estéril. Por lo tanto,
ve y acuéstate con mi esclava Agar. Tal vez por
medio de ella podré tener hijos.

Abram aceptó la propuesta que le hizo Saray.
Entonces ella tomó a Agar, la esclava egipcia, y
se la entregó a Abram como mujer. Esto ocurrió
cuando ya hacía diez años que Abram vivía en
Canaán.

Abram tuvo relaciones con Agar, y ella concibió un hijo. Al darse cuenta Agar de que estaba embarazada, comenzó a mirar con desprecio a su dueña. Entonces Saray le dijo a Abram:

—¡Tú tienes la culpa de mi afrenta! Yo puse a mi esclava en tus brazos, y ahora que se ve embarazada me mira con desprecio. ¡Que el Señor juzgue entre tú y yo!

—Tu esclava está en tus manos —contestó Abram—; haz con ella lo que bien te parezca.

Y de tal manera comenzó Saray a maltratar a Agar, que ésta huyó al desierto. Allí, junto a un manantial que está en el camino a la región de Sur, la encontró el ángel del Señor y le preguntó:

—Agar, esclava de Saray, ¿de dónde vienes y a dónde vas?

—Estoy huyendo de mi dueña Saray —respondió ella.

—Vuelve junto a ella y sométete a su autoridad —le dijo el ángel—. De tal manera multiplicaré tu descendencia, que no se podrá contar.

> »Estás embarazada, y darás a luz un hijo,
> y le pondrás por nombre Ismael,
> porque el Señor ha escuchado tu
> aflicción.
> Será un hombre indómito como asno
> salvaje.

Luchará contra todos, y todos lucharán
contra él;
y vivirá en conflicto con todos sus
hermanos.

Como el Señor le había hablado, Agar le puso
por nombre «El Dios que me ve», pues se decía:
«Ahora he visto al que me ve.» Por eso también el
pozo que está entre Cades y Béred se conoce con
el nombre de «Pozo del Viviente que me ve».

Agar le dio a Abram un hijo, a quien Abram
llamó Ismael. Abram tenía ochenta y seis años
cuando nació Ismael.

*Abraham y Sara habían intentado «ayudar a
Dios» haciendo que Abraham tuviera un hijo
con Agar. El resultado fue una debacle para
todas las personas involucradas. Pero en esta
historia vemos el comienzo de un patrón: Dios
toma nuestros tropiezos y los convierte en algo
bueno. Agar se convirtió involuntariamente en
parte de la falta de fe de Abraham y Sara. Sin
embargo, Dios oyó su clamor y le ayudó. La historia continúa...*

Tal como el Señor lo había dicho, se ocupó
de Sara y cumplió con la promesa que le había
hecho. Sara quedó embarazada y le dio un hijo a
Abraham en su vejez. Esto sucedió en el tiempo

anunciado por Dios. Al hijo que Sara le dio, Abraham le puso por nombre Isaac. Cuando su hijo Isaac cumplió ocho días de nacido, Abraham lo circuncidó, tal como Dios se lo había ordenado. Abraham tenía ya cien años cuando nació su hijo Isaac. Sara dijo entonces: «Dios me ha hecho reír, y todos los que se enteren de que he tenido un hijo, se reirán conmigo. ¿Quién le hubiera dicho a Abraham que Sara amamantaría hijos? Sin embargo, le he dado un hijo en su vejez.»

El niño Isaac creció y fue destetado. Ese mismo día, Abraham hizo un gran banquete. Pero Sara se dio cuenta de que el hijo que Agar la egipcia le había dado a Abraham se burlaba de su hijo Isaac. Por eso le dijo a Abraham:

—¡Echa de aquí a esa esclava y a su hijo! El hijo de esa esclava jamás tendrá parte en la herencia con mi hijo Isaac.

Este asunto angustió mucho a Abraham porque se trataba de su propio hijo. Pero Dios le dijo a Abraham: «No te angusties por el muchacho ni por la esclava. Hazle caso a Sara, porque tu descendencia se establecerá por medio de Isaac. Pero también del hijo de la esclava haré una gran nación, porque es hijo tuyo.»

Al día siguiente, Abraham se levantó de madrugada, tomó un pan y un odre de agua, y se los dio a Agar, poniéndoselos sobre el hombro. Luego le entregó a su hijo y la despidió. Agar partió y anduvo errante por el desierto de Berseba. Cuando se acabó el agua del odre, puso al niño debajo de un arbusto y fue a sentarse sola a cierta distancia, pues pensaba: «No quiero ver morir al niño.» En cuanto ella se sentó, comenzó a llorar desconsoladamente.

Cuando Dios oyó al niño sollozar, el ángel de Dios llamó a Agar desde el cielo y le dijo: «¿Qué te pasa, Agar? No temas, pues Dios ha escuchado los sollozos del niño. Levántate y tómalo de la mano, que yo haré de él una gran nación.»

En ese momento Dios le abrió a Agar los ojos, y ella vio un pozo de agua. En seguida fue a llenar el odre y le dio de beber al niño. Dios acompañó al niño, y éste fue creciendo; vivió en el desierto y se convirtió en un experto arquero; habitó en el desierto de Parán y su madre lo casó con una egipcia.

En la historia de Agar e Ismael, aunque estaban en el lado equivocado del perfecto plan de Dios, en su bondad, Dios les proveyó y les bendijo (y también a sus descendientes).

Otro personaje bíblico en cuya vida vemos lo mucho que Dios está involucrado y se interesa por su pueblo es David, el poeta, cantor, pastor, guerrero y rey, que escribió y cantó desde lo más profundo de su corazón mientras viajaba por la vida y se encontró con el único

Dios verdadero. David compuso muchos de los salmos que se encuentran en nuestra Biblia. David escribió como un joven pastor mientras contemplaba los millones de estrellas que Dios creó; escribió mientras era perseguido por el rey Saúl; escribió mientras era rey de Israel; y escribió mientras se acercaba al final de sus días sobre la tierra. Los cantos que David y los otros salmistas escribieron expresan su relación íntima y personal con Dios.

Oh Señor, soberano nuestro,
     ¡qué imponente es tu nombre en toda la
          tierra!

¡Has puesto tu gloria sobre los cielos!
     Por causa de tus adversarios has hecho
          que brote la alabanza
de labios de los pequeñitos y de los niños
          de pecho,
     para silenciar al enemigo y al rebelde.
Cuando contemplo tus cielos,
     obra de tus dedos,
la luna y las estrellas que allí fijaste,
     me pregunto:
«¿Qué es el hombre, para que en él
          pienses?
     ¿Qué es el ser humano, para que lo
          tomes en cuenta?»

Pues lo hiciste poco menos que un dios,
    y lo coronaste de gloria y de honra:
lo entronizaste sobre la obra de tus
        manos,
    todo lo sometiste a su dominio;
todas las ovejas, todos los bueyes,
    todos los animales del campo,
las aves del cielo, los peces del mar,
    y todo lo que surca los senderos del
        mar.

Oh SEÑOR, soberano nuestro,
    ¡qué imponente es tu nombre en toda la
        tierra!

El SEÑOR es mi pastor, nada me falta;
    en verdes pastos me hace descansar.
Junto a tranquilas aguas me conduce;
    me infunde nuevas fuerzas.
Me guía por sendas de justicia
    por amor a su nombre.
Aun si voy por valles tenebrosos,
    no temo peligro alguno
porque tú estás a mi lado;
    tu vara de pastor me reconforta.

Dispones ante mí un banquete
    en presencia de mis enemigos.
Has ungido con perfume mi cabeza;
    has llenado mi copa a rebosar.

La bondad y el amor me seguirán
   todos los días de mi vida;
y en la casa del SEÑOR
   habitaré para siempre.

SEÑOR, tú me examinas,
   tú me conoces.
Sabes cuándo me siento y cuándo me
      levanto;
   aun a la distancia me lees el
      pensamiento.
Mis trajines y descansos los conoces;
   todos mis caminos te son familiares.
No me llega aún la palabra a la lengua
   cuando tú, SEÑOR, ya la sabes toda.
Tu protección me envuelve por
      completo;
   me cubres con la palma de tu mano.
Conocimiento tan maravilloso rebasa mi
      comprensión;
   tan sublime es que no puedo
      entenderlo.

¿A dónde podría alejarme de tu Espíritu?
   ¿A dónde podría huir de tu presencia?
Si subiera al cielo,
   allí estás tú;
si tendiera mi lecho en el fondo del
      abismo,
   también estás allí.

Si me elevara sobre las alas del alba,
o me estableciera en los extremos del mar,
aun allí tu mano me guiaría,
¡me sostendría tu mano derecha!
Y si dijera: «Que me oculten las tinieblas;
que la luz se haga noche en torno mío»,
ni las tinieblas serían oscuras para ti,
y aun la noche sería clara como el día.
¡Lo mismo son para ti las tinieblas que la
luz!

Tú creaste mis entrañas;
me formaste en el vientre de mi madre.
¡Te alabo porque soy una creación
admirable!
¡Tus obras son maravillosas,
y esto lo sé muy bien!
Mis huesos no te fueron desconocidos
cuando en lo más recóndito era yo
formado,
cuando en lo más profundo de la tierra
era yo entretejido.
Tus ojos vieron mi cuerpo en gestación:
todo estaba ya escrito en tu libro;
todos mis días se estaban diseñando,
aunque no existía uno solo de ellos.
¡Cuán preciosos, oh Dios, me son tus
pensamientos!
¡Cuán inmensa es la suma de ellos!

Si me propusiera contarlos,
    sumarían más que los granos de arena.
Y si terminara de hacerlo,
    aún estaría a tu lado.

Oh Dios, ¡si les quitaras la vida a los
        impíos!
    ¡Si de mí se apartara la gente sanguinaria,
esos que con malicia te difaman
    y que en vano se rebelan contra ti!
¿Acaso no aborrezco, SEÑOR, a los que te
        odian,
    y abomino a los que te rechazan?
El odio que les tengo es un odio
        implacable;
    ¡los cuento entre mis enemigos!
Examíname, oh Dios, y sondea mi
        corazón;
    ponme a prueba y sondea mis
        pensamientos.
Fíjate si voy por mal camino,
    y guíame por el camino eterno.

Te exaltaré, mi Dios y rey;
    por siempre bendeciré tu nombre.
Todos los días te bendeciré;
    por siempre alabaré tu nombre.

Grande es el SEÑOR, y digno de toda
        alabanza;

su grandeza es insondable.
Cada generación celebrará tus obras
   y proclamará tus proezas.
Se hablará del esplendor de tu gloria y
      majestad,
   y yo meditaré en tus obras maravillosas.
Se hablará del poder de tus portentos,
   y yo anunciaré la grandeza de tus obras.
Se proclamará la memoria de tu inmensa
      bondad,
   y se cantará con júbilo tu victoria.

El Señor es clemente y compasivo,
   lento para la ira y grande en amor.

El Señor es bueno con todos;
   él se compadece de toda su creación.
Que te alaben, Señor, todas tus obras;
   que te bendigan tus fieles.
Que hablen de la gloria de tu reino;
   que proclamen tus proezas,
para que todo el mundo conozca tus
      proezas
   y la gloria y esplendor de tu reino.
Tu reino es un reino eterno;
   tu dominio permanece por todas las
      edades.

Fiel es el Señor a su palabra
   y bondadoso en todas sus obras.

El Señor levanta a los caídos
   y sostiene a los agobiados.
Los ojos de todos se posan en ti,
   y a su tiempo les das su alimento.
Abres la mano y sacias con tus favores
   a todo ser viviente.

El Señor es justo en todos sus caminos
   y bondadoso en todas sus obras.
El Señor está cerca de quienes lo invocan,
   de quienes lo invocan en verdad.
Cumple los deseos de quienes le temen;
   atiende a su clamor y los salva.
El Señor cuida a todos los que lo aman,
   pero aniquilará a todos los impíos.
¡Prorrumpa mi boca en alabanzas al
        Señor!
¡Alabe todo el mundo su santo nombre,
   por siempre y para siempre!

DIOS TIENE UN PLAN

*Cuarenta años después de la muerte de David,
la nación de Israel se dividió en dos, y el resultado de ello fueron dos naciones: el reino del
norte de Israel y el reino del sur de Judá. Todos
los reyes de Israel hicieron lo malo ante los ojos
del Señor. En Judá, solo unos cuantos reyes fueron buenos. Uno de ellos fue Ezequías. Él sirvió
valientemente al Señor en tiempos peligrosos.*

Después, cuando tenía unos treinta y ocho años, Ezequías se enfermó y estaba a punto de morir. Estaba devastado y rogó al Señor misericordia. Como respuesta, el Señor se acercó a él con un mensaje impactante y un tierno cambio de planes. Sabemos por la Biblia que Dios tiene un plan para nuestras vidas en lo personal y que nuestros días están contados. Quizá no nos responda como deseamos, pero a veces alterará el plan que tiene para nosotros por la petición de sus hijos.

Por aquellos días Ezequías se enfermó gravemente y estuvo a punto de morir. El profeta Isaías hijo de Amoz fue a verlo y le dijo: «Así dice el Señor: "Pon tu casa en orden, porque vas a morir; no te recuperarás."»

Ezequías volvió el rostro hacia la pared y le rogó al Señor: «Recuerda, Señor, que yo me he conducido delante de ti con lealtad y con un corazón íntegro, y que he hecho lo que te agrada.» Y Ezequías lloró amargamente.

No había salido Isaías del patio central, cuando le llegó la palabra del Señor: «Regresa y dile a Ezequías, gobernante de mi pueblo, que así dice el Señor, Dios de su antepasado David: "He escuchado tu oración y he visto tus lágrimas. Voy a sanarte, y en tres días podrás subir al templo del Señor. Voy a darte quince años más de vida. Y a ti y a esta ciudad los libraré de caer en manos del rey de Asiria. Yo defenderé esta ciudad por mi causa y por consideración a David mi siervo."»

Entonces Isaías dijo: «Preparen una pasta de higos.» Así lo hicieron; luego se la aplicaron al rey en la llaga, y se recuperó.

Mientras que la historia de Ezequías se enfoca en la longitud de su vida, la historia de Jeremías se remonta hasta antes de que naciera. Jeremías fue un profeta que vivió cuando el reino estaba dividido. Vivió en el reino del sur de Judá y profetizó al pueblo acerca de su conquista y exilio pendientes a manos de los babilonios. Tanto en la vida de Ezequías como en la de Jeremías, Dios no se muestra distante ni ambivalente sino cercano y amoroso.

Éstas son las palabras de Jeremías hijo de Jilquías. Jeremías provenía de una familia sacerdotal de Anatot, ciudad del territorio de Benjamín. La palabra del SEÑOR vino a Jeremías en el año trece del reinado de Josías hijo de Amón, rey de Judá. También vino a él durante el reinado de Joacim hijo de Josías, rey de Judá, y hasta el fin del reinado de Sedequías hijo de Josías, rey de Judá; es decir, hasta el quinto mes del año undécimo de su reinado, cuando la población de Jerusalén fue deportada.

La palabra del SEÑOR vino a mí:

«Antes de formarte en el vientre, ya te
había elegido;
antes de que nacieras, ya te había
apartado;
te había nombrado profeta para las
naciones.»

Yo le respondí: «¡Ah, Señor mi Dios! ¡Soy muy
joven, y no sé hablar!»

Pero el Señor me dijo: «No digas: "Soy muy
joven", porque vas a ir adondequiera que yo te envíe, y vas a decir todo lo que yo te ordene. No le
temas a nadie, que yo estoy contigo para librarte.»
Lo afirma el Señor.

Luego extendió el Señor la mano y, tocándo-
me la boca, me dijo: «He puesto en tu boca mis
palabras. Mira, hoy te doy autoridad sobre naciones y reinos, para arrancar y derribar, para des-
truir y demoler, para construir y plantar.»

La palabra del Señor vino a mí, y me dijo:

«¿Qué es lo que ves, Jeremías?»

«Veo una rama de almendro», respondí.

«Has visto bien —dijo el Señor—, porque yo
estoy alerta para que se cumpla mi palabra.»

La palabra del Señor vino a mí por segunda
vez, y me dijo:

«¿Qué es lo que ves?»

«Veo una olla que hierve y se derrama desde el
norte», respondí.

Entonces el Señor me dijo:

«Desde el norte se derramará la calamidad sobre todos los habitantes del país. Yo estoy por convocar a todas las tribus de los reinos del norte —afirma el Señor—.

»Vendrán, y cada uno pondrá su trono
   a la entrada misma de Jerusalén;
vendrán contra todos los muros que la
   rodean,
y contra todas las ciudades de Judá.
Yo dictaré sentencia contra mi pueblo,
   por toda su maldad,
porque me han abandonado;
   han quemado incienso a otros dioses,
y han adorado las obras de sus manos.

»Pero tú, ¡prepárate! Ve y diles todo lo que yo te ordene. No temas ante ellos, pues de lo contrario yo haré que sí les temas. Hoy te he puesto como ciudad fortificada, como columna de hierro y muro de bronce, contra todo el país, contra los reyes de Judá, contra sus autoridades y sus sacerdotes, y contra la gente del país. Pelearán contra ti, pero no te podrán vencer, porque yo estoy contigo para librarte», afirma el Señor.

El llamado de Jeremías fue muy específico en cuanto al plan global que Dios estaba desplegando a través de Israel. Advirtió fielmente al reino del sur de Judá acerca de su infidelidad y la inminente disciplina de Dios. Él sabía desde el principio que no escucharían, pero su tarea era simplemente ser fiel y valiente y entregar el mensaje de Dios. Tres veces atacaron los temibles babilonios a Jerusalén y se llevaron a algunas de las personas a Babilonia. En el año 597, después de la segunda deportación, Dios le dio a Jeremías la tarea de escribir una carta a esos exiliados para recordarles que, como Jeremías había experimentado personalmente, Dios tiene un plan grande y bueno para sus vidas.

Ésta es la carta que el profeta Jeremías envió desde Jerusalén al resto de los ancianos que estaban en el exilio, a los sacerdotes y los profetas, y a todo el pueblo que Nabucodonosor había desterrado de Jerusalén a Babilonia. Esto sucedió después de que el rey Jeconías había salido de Jerusalén, junto con la reina madre, los eunucos, los jefes de Judá y de Jerusalén, los artesanos y los herreros. La carta fue enviada por medio de Elasá hijo de Safán, y de Guemarías hijo de Jilquías, a quienes Sedequías, rey de Judá, había enviado al rey Nabucodonosor, rey de Babilonia. La carta decía:

Así dice el Señor Todopoderoso, el Dios de Israel, a todos los que he deportado de Jerusalén a Babilonia: «Construyan casas y habítenlas; planten huertos y coman de su fruto. Cásense, y tengan hijos e hijas; y casen a sus hijos e hijas, para que a su vez ellos les den nietos. Multiplíquense allá, y no disminuyan. Además, busquen el bienestar de la ciudad adonde los he deportado, y pidan al SEÑOR por ella, porque el bienestar de ustedes depende del bienestar de la ciudad.» Así dice el SEÑOR Todopoderoso, el Dios de Israel: «No se dejen engañar por los profetas ni por los adivinos que están entre ustedes. No hagan caso de los sueños que ellos tienen. Lo que ellos les profetizan en mi nombre es una mentira. Yo no los he enviado», afirma el SEÑOR.

Así dice el SEÑOR: «Cuando a Babilonia se le hayan cumplido los setenta años, yo los visitaré; y haré honor a mi promesa en favor de ustedes, y los haré volver a este lugar. Porque yo sé muy bien los planes que tengo para ustedes —afirma el SEÑOR—, planes de bienestar y no de calamidad, a fin de darles un futuro y una esperanza. Entonces ustedes me invocarán, y vendrán a suplicarme, y yo los escucharé. Me buscarán y me encontrarán, cuando me busquen de todo corazón. Me dejaré encontrar —afirma el SEÑOR—, y los haré volver del cautiverio. Yo los reuniré de todas las naciones y de todos los lugares adonde los haya dispersado, y los haré volver al lugar del cual los deporté», afirma el SEÑOR.

DIOS SE INTERESA POR NOSOTROS

Jesús, el Hijo de Dios, vino a la tierra. Nació como un bebé humano y vivió entre nosotros. Su llegada despeja cualquier duda acerca de la cercanía de Dios en nuestra vida. Jesús es Emmanuel, «Dios con nosotros».

Cuando se reunió una gran multitud en un monte junto al mar de Galilea, Jesús enseñó a ese cansado y fatigado grupo acerca del interés intrínseco de Dios en sus vidas.

«Por eso les digo: No se preocupen por su vida, qué comerán o beberán; ni por su cuerpo, cómo se vestirán. ¿No tiene la vida más valor que la comida, y el cuerpo más que la ropa? Fíjense en las aves del cielo: no siembran ni cosechan ni almacenan en graneros; sin embargo, el Padre celestial las alimenta. ¿No valen ustedes mucho más que ellas? ¿Quién de ustedes, por mucho que se preocupe, puede añadir una sola hora al curso de su vida?

»¿Y por qué se preocupan por la ropa? Observen cómo crecen los lirios del campo. No trabajan ni hilan; sin embargo, les digo que ni siquiera Salomón, con todo su esplendor, se vestía como uno de ellos. Si así viste Dios a la hierba que hoy está en el campo y mañana es arrojada al horno, ¿no hará mucho más por ustedes, gente de poca fe? Así que no se preocupen diciendo: "¿Qué comeremos?" o

"¿Qué beberemos?" o "¿Con qué nos vestiremos?" Porque los paganos andan tras todas estas cosas, y el Padre celestial sabe que ustedes las necesitan. Más bien, busquen primeramente el reino de Dios y su justicia, y todas estas cosas les serán añadidas. Por lo tanto, no se angustien por el mañana, el cual tendrá sus propios afanes. Cada día tiene ya sus problemas.»

Tras la muerte de Jesús en la cruz, regresó de nuevo al cielo con el Padre. Después, Dios Espíritu Santo descendió sobre todos los que creyeron en Jesús. El lugar de morada de Dios ya no estaría más en templos construidos por manos humanas, sino en lo profundo del espíritu de su pueblo. Desde dentro hacia fuera el Espíritu Santo nos habla, nos ministra, nos afirma, nos dirige, nos desafía y nos capacita. Con una pluma en la mano, el apóstol Pablo enseñó a la iglesia que se reunió en Roma acerca de esta gran verdad.

Por tanto, hermanos, tenemos una obligación, pero no es la de vivir conforme a la naturaleza pecaminosa. Porque si ustedes viven conforme a ella, morirán; pero si por medio del Espíritu dan muerte a los malos hábitos del cuerpo, vivirán. Porque todos los que son guiados por el Espíritu de Dios son hijos de Dios. Y ustedes no recibieron un espíritu que de nuevo los esclavice al miedo, sino el Espíritu que los adopta como hijos y les permite clamar: «¡*Abba*! ¡Padre!» El Espíritu mismo le asegura a nuestro espíritu que somos hijos de Dios. Y si somos hijos, somos herederos; herederos de Dios y coherederos con Cristo, pues si ahora sufrimos con él, también tendremos parte con él en su gloria.

De hecho, considero que en nada se comparan los sufrimientos actuales con la gloria que habrá de revelarse en nosotros. La creación aguarda con ansiedad la revelación de los hijos de Dios, porque fue sometida a la frustración. Esto no sucedió por su propia voluntad, sino por la del que así lo dispuso. Pero queda la firme esperanza de que la creación misma ha de ser liberada de la corrupción que la esclaviza, para así alcanzar la gloriosa libertad de los hijos de Dios.

Sabemos que toda la creación todavía gime a una, como si tuviera dolores de parto. Y no sólo ella, sino también nosotros mismos, que tenemos las primicias del Espíritu, gemimos interiormente, mientras aguardamos nuestra adopción como hijos, es decir, la redención de nuestro cuerpo. Porque en esa esperanza fuimos salvados. Pero la esperanza que se ve, ya no es esperanza. ¿Quién espera lo que ya tiene? Pero si esperamos lo que todavía no tenemos, en la espera mostramos nuestra constancia.

Así mismo, en nuestra debilidad el Espíritu acude a ayudarnos. No sabemos qué pedir, pero el Espíritu mismo intercede por nosotros con gemidos que no pueden expresarse con palabras. Y Dios, que examina los corazones, sabe cuál es la intención del Espíritu, porque el Espíritu intercede por los creyentes conforme a la voluntad de Dios.

Ahora bien, sabemos que Dios dispone todas las cosas para el bien de quienes lo aman, los que han sido llamados de acuerdo con su propósito. Porque a los que Dios conoció de antemano, también los predestinó a ser transformados según la imagen de su Hijo, para que él sea el primogénito entre muchos hermanos. A los que predestinó, también los llamó; a los que llamó, también los justificó; y a los que justificó, también los glorificó.

¿Qué diremos frente a esto? Si Dios está de nuestra parte, ¿quién puede estar en contra nuestra? El que no escatimó ni a su propio Hijo, sino que lo entregó por todos nosotros, ¿cómo no habrá de darnos generosamente, junto con él, todas las cosas? ¿Quién acusará a los que Dios ha escogido? Dios es el que justifica. ¿Quién condenará? Cristo Jesús es el que murió, e incluso resucitó, y está a la derecha de Dios e intercede por nosotros. ¿Quién nos apartará del amor de Cristo? ¿La tribulación, o la angustia, la persecución, el hambre, la indigencia, el peligro, o la violencia? Así está escrito:

«Por tu causa siempre nos llevan a la
muerte;
¡nos tratan como a ovejas para el
matadero!»

Sin embargo, en todo esto somos más que vence-
dores por medio de aquel que nos amó. Pues estoy
convencido de que ni la muerte ni la vida, ni los
ángeles ni los demonios, ni lo presente ni lo por
venir, ni los poderes, ni lo alto ni lo profundo, ni
cosa alguna en toda la creación, podrá apartarnos
del amor que Dios nos ha manifestado en Cristo
Jesús nuestro Señor.

*¡Qué amor tan increíble tiene Dios por su pue-
blo! En el espíritu de este amor, Santiago, el
medio hermano de Jesús, escribió una carta
práctica a los primeros discípulos de Jesús. Les
recordó que Dios se interesa y se implica en sus
vidas cotidianas, aunque ellos también tenían
un papel que desempeñar. Como creyentes,
podemos reconocer el interés de Dios en nuestra vida, incluso en tiempos de prueba. Podemos buscar a Dios y pedirle sabiduría. Debemos
también tener cuidado de no culpar a Dios de
nuestras pruebas y tentaciones, y darnos cuenta
de que cada buena dádiva proviene de su mano.*

Santiago, siervo de Dios y del Señor Jesucristo,

a las doce tribus que se hallan dispersas por el mundo:

Saludos.

Hermanos míos, considérense muy dichosos cuando tengan que enfrentarse con diversas pruebas, pues ya saben que la prueba de su fe produce constancia. Y la constancia debe llevar a feliz término la obra, para que sean perfectos e íntegros, sin que les falte nada. Si a alguno de ustedes le falta sabiduría, pídasela a Dios, y él se la dará, pues Dios da a todos generosamente sin menospreciar a nadie. Pero que pida con fe, sin dudar, porque quien duda es como las olas del mar, agitadas y llevadas de un lado a otro por el viento. Quien es así no piense que va a recibir cosa alguna del Señor; es indeciso e inconstante en todo lo que hace.

El hermano de condición humilde debe sentirse orgulloso de su alta dignidad, y el rico, de su humilde condición. El rico pasará como la flor del campo. El sol, cuando sale, seca la planta con su calor abrasador. A ésta se le cae la flor y pierde su belleza. Así se marchitará también el rico en todas sus empresas.

Dichoso el que resiste la tentación porque, al salir aprobado, recibirá la corona de la vida que Dios ha prometido a quienes lo aman.

Que nadie, al ser tentado, diga: «Es Dios quien me tienta.» Porque Dios no puede ser tentado por el mal, ni tampoco tienta él a nadie. Todo lo contrario, cada uno es tentado cuando sus propios malos deseos lo arrastran y seducen. Luego, cuando el deseo ha concebido, engendra el pecado; y el pecado, una vez que ha sido consumado, da a luz la muerte.

Mis queridos hermanos, no se engañen. Toda buena dádiva y todo don perfecto descienden de lo alto, donde está el Padre que creó las lumbreras celestes, y que no cambia como los astros ni se mueve como las sombras. Por su propia voluntad nos hizo nacer mediante la palabra de verdad, para que fuéramos como los primeros y mejores frutos de su creación.

CAPÍTULO

2

Adoración

───── IDEA CLAVE ─────

«Adoro a Dios por quién es Él y por lo que ha hecho
por mí».

───── VERSÍCULO CLAVE ─────

Vengan, cantemos con júbilo al Señor;
aclamemos a la roca de nuestra salvación.
Lleguemos ante él con acción de gracias,
aclamémoslo con cánticos.
Salmos 95.1–2

Adorar a Dios por quién es Él y por lo que ha hecho por nosotros se puede expresar de muchas formas distintas y entornos diversos, pero es el corazón que está detrás de las acciones lo que importa para Dios. A lo largo de las Escrituras vemos cómo el pueblo de Dios le adoró en la cima de montañas, dentro de los hogares con suelos de tierra, en un templo tremendamente adornado y en oscuras prisiones. Demostraron su devoción a Dios con cantos, danza, sacrificios y oración pública y privada. Lo que más le importa a Dios no es la forma en que decidimos adorarle, sino la motivación que dirige nuestras acciones.

La intención del corazón

Vengan, cantemos con júbilo al Señor;
  aclamemos a la roca de nuestra
      salvación.
Lleguemos ante él con acción de gracias,
  aclamémoslo con cánticos.

Porque el Señor es el gran Dios,
  el gran Rey sobre todos los dioses.
En sus manos están los abismos de la
      tierra;
  suyas son las cumbres de los montes.
Suyo es el mar, porque él lo hizo;
  con sus manos formó la tierra firme.

Vengan, postrémonos reverentes,
doblemos la rodilla
ante el Señor nuestro Hacedor.
Porque él es nuestro Dios
y nosotros somos el pueblo de su prado;
¡somos un rebaño bajo su cuidado!

Durante los tiempos del Antiguo Testamento, la adoración conllevaba sacrificios animales. En vez de dejar a su pueblo sin otro recurso que el de hacer frente a su castigo por el pecado, Dios, en su misericordia, permitió que su pueblo sacrificara al mejor animal de sus rebaños como pago por su desobediencia. El animal tenía que ser sin defecto, ya que un sacrificio defectuoso no podía ser un sustituto para un pueblo defectuoso. Esta práctica debía ir acompañada de arrepentimiento. El adorador confesaba sus pecados e imponía sus manos sobre el animal; entonces el pecado quedaba simbólicamente transferido del pecador al sacrificio.

Desgraciadamente, con el paso del tiempo los sacrificios de los israelitas se convirtieron en rituales sin sentido. Dios estaba enojado y dolido. Las personas le llevaban abundantes sacrificios; sin embargo, su carácter y conducta no le eran agradables.

«¿De qué me sirven sus muchos
    sacrificios?
—dice el Señor—.
Harto estoy de holocaustos de carneros
    y de la grasa de animales engordados;
la sangre de toros, corderos y cabras
    no me complace.
¿Por qué vienen a presentarse ante mí?
    ¿Quién les mandó traer animales
para que pisotearan mis atrios?
    No me sigan trayendo vanas ofrendas;
el incienso es para mí una abominación.
    Luna nueva, día de reposo, asambleas
        convocadas;
¡no soporto que con su adoración me
        ofendan!
    Yo aborrezco sus lunas nuevas y
        festividades;
se me han vuelto una carga
    que estoy cansado de soportar.
Cuando levantan sus manos,
    yo aparto de ustedes mis ojos;
aunque multipliquen sus oraciones,
    no las escucharé,

pues tienen las manos llenas de sangre.

¡Lávense, límpiense!
    ¡Aparten de mi vista sus obras
        malvadas!

¡Dejen de hacer el mal!
  ¡Aprendan a hacer el bien!
¡Busquen la justicia y reprendan al
    opresor!
  ¡Aboguen por el huérfano y defiendan a
    la viuda!

»Vengan, pongamos las cosas en claro
  —dice el SEÑOR—.
¿Son sus pecados como escarlata?
  ¡Quedarán blancos como la nieve!
¿Son rojos como la púrpura?
  ¡Quedarán como la lana!
¿Están ustedes dispuestos a obedecer?
  ¡Comerán lo mejor de la tierra!
¿Se niegan y se rebelan?
  ¡Serán devorados por la espada!»
      El SEÑOR mismo lo ha dicho.

En el Nuevo Testamento, los que no adoraban ni honraban a Dios adecuadamente recibieron duras palabras de Jesús. Esto fue especialmente cierto en el caso de los líderes religiosos cuyas capas de ejercicios y rituales religiosos ocultaban una fe débil y hueca. Cuando una multitud se juntó para escuchar las enseñanzas de Jesús, Él les advirtió sobre la influencia de esos huecos líderes religiosos.

Después de esto, Jesús dijo a la gente y a sus discípulos: «Los maestros de la ley y los fariseos tienen la responsabilidad de interpretar a Moisés. Así que ustedes deben obedecerlos y hacer todo lo que les digan. Pero no hagan lo que hacen ellos, porque no practican lo que predican. Atan cargas pesadas y las ponen sobre la espalda de los demás, pero ellos mismos no están dispuestos a mover ni un dedo para levantarlas.

»Todo lo hacen para que la gente los vea: Usan filacterias grandes y adornan sus ropas con borlas vistosas; se mueren por el lugar de honor en los banquetes y los primeros asientos en las sinagogas, y porque la gente los salude en las plazas y los llame "Rabí".

»Pero no permitan que a ustedes se les llame "Rabí", porque tienen un solo Maestro y todos ustedes son hermanos. Y no llamen "padre" a nadie en la tierra, porque ustedes tienen un solo Padre, y él está en el cielo. Ni permitan que los llamen "maestro", porque tienen un solo Maestro, el Cristo. El más importante entre ustedes será siervo de los demás. Porque el que a sí mismo se enaltece será humillado, y el que se humilla será enaltecido.

»¡Ay de ustedes, maestros de la ley y fariseos, hipócritas! Les cierran a los demás el reino de los cielos, y ni entran ustedes ni dejan entrar a los que intentan hacerlo.

»¡Ay de ustedes, maestros de la ley y fariseos, hipócritas! Recorren tierra y mar para ganar un solo adepto, y cuando lo han logrado lo hacen dos veces más merecedor del infierno que ustedes.

»¡Ay de ustedes, guías ciegos!, que dicen: "Si alguien jura por el templo, no significa nada; pero si jura por el oro del templo, queda obligado por su juramento." ¡Ciegos insensatos! ¿Qué es más importante: el oro, o el templo que hace sagrado al oro? También dicen ustedes: "Si alguien jura por el altar, no significa nada; pero si jura por la ofrenda que está sobre él, queda obligado por su juramento." ¡Ciegos! ¿Qué es más importante: la ofrenda, o el altar que hace sagrada la ofrenda? Por tanto, el que jura por el altar, jura no sólo por el altar sino por todo lo que está sobre él. El que jura por el templo, jura no sólo por el templo sino por quien habita en él. Y el que jura por el cielo, jura por el trono de Dios y por aquel que lo ocupa.

»¡Ay de ustedes, maestros de la ley y fariseos, hipócritas! Dan la décima parte de sus especias: la menta, el anís y el comino. Pero han descuidado los asuntos más importantes de la ley, tales como la justicia, la misericordia y la fidelidad. Debían haber practicado esto sin descuidar aquello. ¡Guías ciegos! Cuelan el mosquito pero se tragan el camello.

»¡Ay de ustedes, maestros de la ley y fariseos, hipócritas! Limpian el exterior del vaso y del plato, pero por dentro están llenos de robo y de desenfreno. ¡Fariseo ciego! Limpia primero por dentro el vaso y el plato, y así quedará limpio también por fuera.

»¡Ay de ustedes, maestros de la ley y fariseos, hipócritas!, que son como sepulcros blanqueados. Por fuera lucen hermosos pero por dentro están llenos de huesos de muertos y de podredumbre. Así también ustedes, por fuera dan la impresión de ser justos pero por dentro están llenos de hipocresía y de maldad.»

ADORADORES SIN VERGÜENZA

Cuando Dios nos llama a amarle con todo nuestro corazón, alma, mente y fuerzas, está demandando que no le retengamos nada. Un compromiso a adorar a Dios es un voto a ser valiente y no avergonzarnos de nuestro amor y devoción a Él. Con gran poder, Dios rescató a los israelitas cuando el ejército de Egipto les había arrinconado contra el mar Rojo. Tras conseguir escapar, Moisés y su hermana Miriam guiaron a los israelitas en un cántico de celebración y bendición sin remordimientos, alabando a Dios por quién es Él y por lo que había hecho por ellos.

Entonces Moisés y los israelitas entonaron un cántico en honor del SEÑOR, que a la letra decía:

Cantaré al SEÑOR, que se ha coronado de
   triunfo
   arrojando al mar caballos y jinetes.
El SEÑOR es mi fuerza y mi cántico;
   él es mi salvación.
Él es mi Dios, y lo alabaré;
   es el Dios de mi padre, y lo enalteceré.
El SEÑOR es un guerrero;
   su nombre es el SEÑOR.
El SEÑOR arrojó al mar
   los carros y el ejército del faraón.
Los mejores oficiales egipcios
   se ahogaron en el Mar Rojo.
Las aguas profundas se los tragaron;
   ¡como piedras se hundieron en los
      abismos!
Tu diestra, SEÑOR, reveló su gran poder;
   tu diestra, SEÑOR, despedazó al
      enemigo.

Fue tan grande tu victoria
   que derribaste a tus oponentes;
diste rienda suelta a tu ardiente ira,
   y fueron consumidos como rastrojo.
Bastó un soplo de tu nariz
   para que se amontonaran las aguas.
Las olas se irguieron como murallas;
   ¡se inmovilizaron las aguas en el fondo
      del mar!

«Iré tras ellos y les daré alcance
  —alardeaba el enemigo—.
Repartiré sus despojos
  hasta quedar hastiado.
¡Desenvainaré la espada
  y los destruiré con mi propia mano!»
Pero con un soplo tuyo se los tragó el mar;
  ¡se hundieron como plomo en las aguas
    turbulentas!
¿Quién, SEÑOR, se te compara entre los
    dioses?
  ¿Quién se te compara en grandeza y
    santidad?
Tú, hacedor de maravillas,
  nos impresionas con tus portentos.

Extendiste tu brazo derecho,
  ¡y se los tragó la tierra!
Por tu gran amor guías al pueblo que has
    rescatado;
  por tu fuerza los llevas a tu santa
    morada.
Las naciones temblarán al escucharlo;
  la angustia dominará a los filisteos.
Los jefes edomitas se llenarán de terror;
  temblarán de miedo los caudillos de
    Moab.
Los cananeos perderán el ánimo,
  pues caerá sobre ellos pavor y espanto.

Por tu gran poder, SEÑOR,
    quedarán mudos como piedras
hasta que haya pasado tu pueblo,
    el pueblo que adquiriste para ti.
Tú los harás entrar, y los plantarás,
    en el monte que te pertenece;
en el lugar donde tú, SEÑOR, habitas;
    en el santuario que tú, Señor, te hiciste.

¡El SEÑOR reina por siempre y para
        siempre!

Cuando los caballos y los carros del faraón entraron en el mar con sus jinetes, el SEÑOR hizo que las aguas se les vinieran encima. Los israelitas, sin embargo, cruzaron el mar sobre tierra seca. Entonces Miriam la profetisa, hermana de Aarón, tomó una pandereta, y mientras todas las mujeres la seguían danzando y tocando panderetas, Miriam les cantaba así:

Canten al SEÑOR, que se ha coronado de
        triunfo
    arrojando al mar caballos y jinetes.

Aunque Moisés y Miriam expresaron su alabanza vocalmente, la adoración valiente también se puede demostrar con muy pocas palabras. Veamos a Daniel, por ejemplo. Su callada negativa a adorar a ningún otro que no fuera el Dios verdadero era una decisión muy arriesgada, porque el rey Darío castigaba con mucha dureza la desobediencia en su reino. A diferencia de los cánticos de Moisés y Miriam, fueron las acciones de Daniel las que hablaron.

Para el control eficaz de su reino, Darío consideró prudente nombrar a ciento veinte sátrapas y tres administradores, uno de los cuales era Daniel. Estos sátrapas eran responsables ante los administradores, a fin de que los intereses del rey no se vieran afectados. Y tanto se distinguió Daniel por sus extraordinarias cualidades administrativas, que el rey pensó en ponerlo al frente de todo el reino. Entonces los administradores y los sátrapas empezaron a buscar algún motivo para acusar a Daniel de malos manejos en los negocios del reino. Sin embargo, no encontraron de qué acusarlo porque, lejos de ser corrupto o negligente, Daniel era un hombre digno de confianza. Por eso concluyeron: «Nunca encontraremos nada de qué acusar a Daniel, a no ser algo relacionado con la ley de su Dios.»

Formaron entonces los administradores y sátrapas una comisión para ir a hablar con el rey, y estando en su presencia le dijeron:

—¡Que viva para siempre Su Majestad, el rey Darío! Nosotros los administradores reales, junto con los prefectos, sátrapas, consejeros y gobernadores, convenimos en que Su Majestad debiera emitir y confirmar un decreto que exija que, durante los próximos treinta días, sea arrojado al foso de los leones todo el que adore a cualquier dios u hombre que no sea Su Majestad. Expida usted ahora ese decreto, y póngalo por escrito. Así, conforme a la ley de los medos y los persas, no podrá ser revocado.

El rey Darío expidió el decreto y lo puso por escrito. Cuando Daniel se enteró de la publicación del decreto, se fue a su casa y subió a su dormitorio, cuyas ventanas se abrían en dirección a Jerusalén. Allí se arrodilló y se puso a orar y alabar a Dios, pues tenía por costumbre orar tres veces al día. Cuando aquellos hombres llegaron y encontraron a Daniel orando e implorando la ayuda de Dios, fueron a hablar con el rey respecto al decreto real:

—¿No es verdad que Su Majestad publicó un decreto? Según entendemos, todo el que en los próximos treinta días adore a otro dios u hombre que no sea Su Majestad, será arrojado al foso de los leones.

—El decreto sigue en pie —contestó el rey—. Según la ley de los medos y los persas, no puede ser derogado.

—¡Pues Daniel —respondieron ellos—, que es uno de los exiliados de Judá, no toma en cuenta a Su Majestad ni al decreto que ha promulgado! ¡Todavía sigue orando a su Dios tres veces al día!

Cuando el rey escuchó esto, se deprimió mucho y se propuso salvar a Daniel, así que durante todo el día buscó la forma de salvarlo. Pero aquellos hombres fueron a ver al rey y lo presionaron:

—No olvide Su Majestad que, según la ley de los medos y los persas, ningún decreto ni edicto emitido por el rey puede ser derogado.

El rey dio entonces la orden, y Daniel fue arrojado al foso de los leones. Allí el rey animaba a Daniel:

—¡Que tu Dios, a quien siempre sirves, se digne salvarte!

Trajeron entonces una piedra, y con ella taparon la boca del foso. El rey lo selló con su propio anillo y con el de sus nobles, para que la sentencia contra Daniel no pudiera ser cambiada. Luego volvió a su palacio y pasó la noche sin comer y sin divertirse, y hasta el sueño se le fue. Tan pronto como amaneció, se levantó y fue al foso de los leones. Ya cerca, lleno de ansiedad gritó:

—Daniel, siervo del Dios viviente, ¿pudo tu Dios, a quien siempre sirves, salvarte de los leones?

—¡Que viva Su Majestad por siempre! —contestó Daniel desde el foso—. Mi Dios envió a su ángel y les cerró la boca a los leones. No me han hecho ningún daño, porque Dios bien sabe que soy inocente. ¡Tampoco he cometido nada malo contra Su Majestad!

Sin ocultar su alegría, el rey ordenó que sacaran del foso a Daniel. Cuando lo sacaron, no se le halló un solo rasguño, pues Daniel confiaba en su Dios. Entonces el rey mandó traer a los que falsamente lo habían acusado, y ordenó que los arrojaran al foso de los leones, junto con sus esposas y sus hijos. ¡No habían tocado el suelo cuando ya los leones habían caído sobre ellos y les habían triturado los huesos!

Más tarde el rey Darío firmó este decreto:

«A todos los pueblos, naciones y lenguas de este mundo:
»¡Paz y prosperidad para todos!
»He decretado que en todo lugar de mi reino la gente adore y honre al Dios de Daniel.
»Porque él es el Dios vivo, y permanece para siempre.
Su reino jamás será destruido, y su dominio jamás tendrá fin.
Él rescata y salva; hace prodigios en el cielo y maravillas en la tierra.
¡Ha salvado a Daniel de las garras de los leones!»

Las señales y prodigios de Dios son innegablemente inspiradores. En el libro de los Hechos, la valentía de Pablo y Silas les hizo entrar en la cárcel; y entonces, cuando levantaron sus voces en oraciones y cantos de himnos de adoración durante la noche, un repentino terremoto produjo su liberación.

Una vez, cuando íbamos al lugar de oración, nos salió al encuentro una joven esclava que tenía un espíritu de adivinación. Con sus poderes ganaba mucho dinero para sus amos. Nos seguía a Pablo y a nosotros, gritando:

—Estos hombres son siervos del Dios Altísimo, y les anuncian a ustedes el camino de salvación.

Así continuó durante muchos días. Por fin Pablo se molestó tanto que se volvió y reprendió al espíritu:

—¡En el nombre de Jesucristo, te ordeno que salgas de ella!

Y en aquel mismo momento el espíritu la dejó.

Cuando los amos de la joven se dieron cuenta de que se les había esfumado la esperanza de ganar dinero, echaron mano a Pablo y a Silas y los arrastraron a la plaza, ante las autoridades. Los presentaron ante los magistrados y dijeron:

—Estos hombres son judíos, y están alborotando a nuestra ciudad, enseñando costumbres que a los romanos se nos prohíbe admitir o practicar.

Entonces la multitud se amotinó contra Pablo y Silas, y los magistrados mandaron que les arrancaran la ropa y los azotaran. Después de darles muchos golpes, los echaron en la cárcel, y ordenaron al carcelero que los custodiara con la mayor seguridad. Al recibir tal orden, éste los metió en el calabozo interior y les sujetó los pies en el cepo.

A eso de la medianoche, Pablo y Silas se pusieron a orar y a cantar himnos a Dios, y los otros presos los escuchaban. De repente se produjo un terremoto tan fuerte que la cárcel se estremeció hasta sus cimientos. Al instante se abrieron todas las puertas y a los presos se les soltaron las cadenas. El carcelero despertó y, al ver las puertas de la cárcel de par en par, sacó la espada y estuvo a punto de matarse, porque pensaba que los presos se habían escapado. Pero Pablo le gritó:

—¡No te hagas ningún daño! ¡Todos estamos aquí!

El carcelero pidió luz, entró precipitadamente y se echó temblando a los pies de Pablo y de Silas. Luego los sacó y les preguntó:

—Señores, ¿qué tengo que hacer para ser salvo?

—Cree en el Señor Jesús; así tú y tu familia serán salvos —le contestaron.

Luego les expusieron la palabra de Dios a él y a todos los demás que estaban en su casa. A esas horas de la noche, el carcelero se los llevó y les lavó las heridas; en seguida fueron bautizados él y toda su familia. El carcelero los llevó a su casa, les sirvió comida y se alegró mucho junto con toda su familia por haber creído en Dios.

Al amanecer, los magistrados mandaron a unos guardias al carcelero con esta orden: «Suelta a esos hombres.»

ADORAR JUNTOS

Una relación con Dios puede ser tanto una experiencia privada como personal, pero gran parte de la adoración es para llevarla a cabo en comunidad. Dios es una comunidad en sí mismo (Padre, Hijo y Espíritu Santo), y su Palabra nos alienta a reunirnos con otros creyentes para animarnos unos a otros, orar juntos y recordar el amor de Dios por nosotros. Después de la crucifixión, muerte y resurrección de Jesús, las dinámicas de la adoración en comunidad cambiaron drásticamente. Los sacrificios animales ya no eran necesarios para restaurar una relación con Dios. La sangre de Jesús, derramada como un sacrificio voluntario, ahora tiene el poder de quitar los pecados de todos los que se arrepienten y le reciben.

La ley es sólo una sombra de los bienes venideros, y no la presencia misma de estas realidades. Por eso nunca puede, mediante los mismos sacrificios que se ofrecen sin cesar año tras año, hacer perfectos a los que adoran. De otra manera, ¿no habrían dejado ya de hacerse sacrificios? Pues los que rinden culto, purificados de una vez por todas, ya no se habrían sentido culpables de pecado. Pero esos sacrificios son un recordatorio anual de los pecados, ya que es imposible que la sangre de los toros y de los machos cabríos quite los pecados.

Por eso, al entrar en el mundo, Cristo dijo:

«A ti no te complacen sacrificios ni
   ofrendas;
      en su lugar, me preparaste un cuerpo;
   no te agradaron ni holocaustos
      ni sacrificios por el pecado.
Por eso dije: "Aquí me tienes
   —como el libro dice de mí—.
He venido, oh Dios, a hacer tu voluntad."»

Primero dijo: «Sacrificios y ofrendas, holocaustos y expiaciones no te complacen ni fueron de tu agrado» (a pesar de que la ley exigía que se ofrecieran). Luego añadió: «Aquí me tienes: He venido a hacer tu voluntad.» Así quitó lo primero para establecer lo segundo. Y en virtud de esa voluntad somos santificados mediante el sacrificio del cuerpo de Jesucristo, ofrecido una vez y para siempre.

Todo sacerdote celebra el culto día tras día ofreciendo repetidas veces los mismos sacrificios, que nunca pueden quitar los pecados. Pero este sacerdote, después de ofrecer por los pecados un solo sacrificio para siempre, se sentó a la derecha de Dios, en espera de que sus enemigos sean puestos por estrado de sus pies. Porque con un solo sacrificio ha hecho perfectos para siempre a los que está santificando.

También el Espíritu Santo nos da testimonio de ello. Primero dice:

«Éste es el pacto que haré con ellos
después de aquel tiempo —dice el
Señor—:
Pondré mis leyes en su corazón,
y las escribiré en su mente.»

Después añade:

«Y nunca más me acordaré de sus pecados
y maldades.»

Y cuando éstos han sido perdonados, ya no hace falta otro sacrificio por el pecado.

Así que, hermanos, mediante la sangre de Jesús, tenemos plena libertad para entrar en el Lugar Santísimo, por el camino nuevo y vivo que él nos ha abierto a través de la cortina, es decir, a través de su cuerpo; y tenemos además un gran sacerdote al frente de la familia de Dios.

Acerquémonos, pues, a Dios con corazón sincero y con la plena seguridad que da la fe, interiormente purificados de una conciencia culpable y exteriormente lavados con agua pura. Mantengamos firme la esperanza que profesamos, porque fiel es el que hizo la promesa. Preocupémonos los unos por los otros, a fin de estimularnos al amor y a las buenas obras. No dejemos de congregarnos, como acostumbran hacerlo algunos, sino animémonos unos a otros, y con mayor razón ahora que vemos que aquel día se acerca.

La cena del Señor esencialmente reemplazó la práctica del sacrificio animal en la iglesia del Nuevo Testamento. Cuando los creyentes se reúnen para orar, cantar y aprender, parten el pan y comparten una copa de vino como una forma de recordar el amor de Cristo por ellos. Jesús presentó esta nueva práctica a sus discípulos la noche antes de su crucifixión.

Cuando llegó el día de la fiesta de los Panes sin levadura, en que debía sacrificarse el cordero de la Pascua, Jesús envió a Pedro y a Juan, diciéndoles:

—Vayan a hacer los preparativos para que comamos la Pascua.

—¿Dónde quieres que la preparemos? —le preguntaron.

—Miren —contestó él—: al entrar ustedes en la ciudad les saldrá al encuentro un hombre que lleva un cántaro de agua. Síganlo hasta la casa en que entre, y díganle al dueño de la casa: "El Maestro pregunta: ¿Dónde está la sala en la que voy a comer la Pascua con mis discípulos?" Él les mostrará en la planta alta una sala amplia y amueblada. Preparen allí la cena.

Ellos se fueron y encontraron todo tal como les había dicho Jesús. Así que prepararon la Pascua.

Cuando llegó la hora, Jesús y sus apóstoles se sentaron a la mesa. Entonces les dijo:

—He tenido muchísimos deseos de comer esta Pascua con ustedes antes de padecer, pues les digo que no volveré a comerla hasta que tenga su pleno cumplimiento en el reino de Dios.

Luego tomó la copa, dio gracias y dijo:

—Tomen esto y repártanlo entre ustedes. Les digo que no volveré a beber del fruto de la vid hasta que venga el reino de Dios.

También tomó pan y, después de dar gracias, lo partió, se lo dio a ellos y dijo:

—Este pan es mi cuerpo, entregado por ustedes; hagan esto en memoria de mí.

De la misma manera tomó la copa después de la cena, y dijo:

—Esta copa es el nuevo pacto en mi sangre, que es derramada por ustedes. Pero sepan que la mano del que va a traicionarme está con la mía, sobre la mesa. A la verdad el Hijo del hombre se irá según está decretado, pero ¡ay de aquel que lo traiciona!

Entonces comenzaron a preguntarse unos a otros quién de ellos haría esto.

Tuvieron además un altercado sobre cuál de ellos sería el más importante. Jesús les dijo:

—Los reyes de las naciones oprimen a sus súbditos, y los que ejercen autoridad sobre ellos se llaman a sí mismos benefactores. No sea así entre ustedes. Al contrario, el mayor debe comportarse como el menor, y el que manda como el que sirve. Porque, ¿quién es más importante, el que está a la mesa o el que sirve? ¿No lo es el que está sentado a la mesa? Sin embargo, yo estoy entre ustedes como uno que sirve. Ahora bien, ustedes son los que han estado siempre a mi lado en mis pruebas. Por eso, yo mismo les concedo un reino, así como mi Padre me lo concedió a mí, para que coman y beban a mi mesa en mi reino, y se sienten en tronos para juzgar a las doce tribus de Israel.

Por supuesto, los creyentes también pueden honrar el sacrificio de Jesús cada día en la forma en que deciden vivir. Desde su arresto domiciliario en Roma, el apóstol Pablo escribió a los cristianos de la ciudad de Colosas. Les animaba a despojarse de su antigua y egoísta manera de vivir, y a comprometerse a vivir sus nuevas vidas solamente para el propósito de adorar y servir a Dios. Las instrucciones de Pablo no estaban dirigidas a adoradores individuales, sino a toda la comunidad de adoradores.

Ya que han resucitado con Cristo, busquen las cosas de arriba, donde está Cristo sentado a la derecha de Dios. Concentren su atención en las cosas de arriba, no en las de la tierra, pues ustedes han muerto y su vida está escondida con Cristo en Dios. Cuando Cristo, que es la vida de ustedes, se manifieste, entonces también ustedes serán manifestados con él en gloria.

Por tanto, hagan morir todo lo que es propio de la naturaleza terrenal: inmoralidad sexual, impureza, bajas pasiones, malos deseos y avaricia, la cual es idolatría. Por estas cosas viene el castigo de Dios. Ustedes las practicaron en otro tiempo, cuando vivían en ellas. Pero ahora abandonen también todo esto: enojo, ira, malicia, calumnia y lenguaje obsceno. Dejen de mentirse unos a otros, ahora que se han quitado el ropaje de la vieja naturaleza con sus vicios, y se han puesto el de la nueva naturaleza, que se va renovando en conocimiento a imagen de su Creador. En esta nueva naturaleza no hay griego ni judío, circunciso ni incircunciso, culto ni inculto, esclavo ni libre, sino que Cristo es todo y está en todos.

Por lo tanto, como escogidos de Dios, santos y amados, revístanse de afecto entrañable y de bondad, humildad, amabilidad y paciencia, de modo que se toleren unos a otros y se perdonen si alguno tiene queja contra otro. Así como el Señor los perdonó, perdonen también ustedes. Por encima de todo, vístanse de amor, que es el vínculo perfecto.

Que gobierne en sus corazones la paz de Cristo, a la cual fueron llamados en un solo cuerpo. Y sean agradecidos. Que habite en ustedes la palabra de Cristo con toda su riqueza: instrúyanse y aconséjense unos a otros con toda sabiduría; canten salmos, himnos y canciones espirituales a Dios, con gratitud de corazón. Y todo lo que hagan, de palabra o de obra, háganlo en el nombre del Señor Jesús, dando gracias a Dios el Padre por medio de él.

CAPÍTULO

3

Gozo

IDEA CLAVE

«A pesar de mis circunstancias,
siento contentamiento interior
y entiendo mi propósito en la vida».

VERSÍCULO CLAVE

Les he dicho esto para que tengan mi alegría
y así su alegría sea completa.
Juan 15.11

FUENTE DE GOZO

*Dios puede hacer llover sobre nosotros bendi-
ciones y circunstancias que traigan gozo a nuestra vida, pero el verdadero gozo se encuentra
no en esas cosas, sino en su fuente. El gozo
también se puede avivar y encontrar al vivir la
Palabra de Dios y confiar en las promesas que
Dios nos da en su Palabra. El salmista declara
esta verdad con gran confianza en este canto.*

Cuídame, oh Dios, porque en ti busco
      refugio.

Yo le he dicho al SEÑOR: «Mi SEÑOR eres
      tú.
    Fuera de ti, no poseo bien alguno.»
Poderosos son los sacerdotes paganos del
      país,
    según todos sus seguidores.
    Pero aumentarán los dolores
de los que corren tras ellos.
    ¡Jamás derramaré sus sangrientas
      libaciones,
ni con mis labios pronunciaré sus nombres!

    Tú, SEÑOR, eres mi porción y mi copa;
eres tú quien ha afirmado mi suerte.
    Bellos lugares me han tocado en suerte;
¡preciosa herencia me ha correspondido!
    Bendeciré al SEÑOR, que me aconseja;

aun de noche me reprende mi conciencia.
Siempre tengo presente al Señor;
con él a mi derecha, nada me hará caer.

Por eso mi corazón se alegra,
y se regocijan mis entrañas;
todo mi ser se llena de confianza.
No dejarás que mi vida termine en el
sepulcro;
no permitirás que sufra corrupción tu
siervo fiel.
Me has dado a conocer la senda de la
vida;
me llenarás de alegría en tu presencia,
y de dicha eterna a tu derecha.

Los preceptos del Señor son rectos:
traen alegría al corazón.
El mandamiento del Señor es claro:
da luz a los ojos.

Me regocijo en el camino de tus estatutos
más que en todas las riquezas.

Yo me regocijo en tu promesa
como quien halla un gran botín.

Las promesas de Dios encuentran su cumplimiento supremo en su Hijo Jesús. Así que cuando habitamos en la vid de Cristo mediante la obediencia a sus mandamientos, sus nutrientes de gozo corren por nuestras venas espirituales desde dentro hacia fuera, y producen el fruto de gozo maduro y jugoso en nuestra vida y a través de ella.

«Yo soy la vid verdadera, y mi Padre es el labrador. Toda rama que en mí no da fruto, la corta; pero toda rama que da fruto la poda para que dé más fruto todavía. Ustedes ya están limpios por la palabra que les he comunicado. Permanezcan en mí, y yo permaneceré en ustedes. Así como ninguna rama puede dar fruto por sí misma, sino que tiene que permanecer en la vid, así tampoco ustedes pueden dar fruto si no permanecen en mí.

»Yo soy la vid y ustedes son las ramas. El que permanece en mí, como yo en él, dará mucho fruto; separados de mí no pueden ustedes hacer nada. El que no permanece en mí es desechado y se seca, como las ramas que se recogen, se arrojan al fuego y se queman. Si permanecen en mí y mis palabras permanecen en ustedes, pidan lo que quieran, y se les concederá. Mi Padre es glorificado cuando ustedes dan mucho fruto y muestran así que son mis discípulos.

»Así como el Padre me ha amado a mí, también yo los he amado a ustedes. Permanezcan en mi amor. Si obedecen mis mandamientos, permanecerán en mi amor, así como yo he obedecido los mandamientos de mi Padre y permanezco en su amor. Les he dicho esto para que tengan mi alegría y así su alegría sea completa.

> *Santiago escribió una de las primeras cartas del Nuevo Testamento que enseñaba a los creyentes con respecto a esta nueva vida en Cristo. Los seguidores de Jesús puede que no solo experimenten gozo a pesar de las pruebas, sino que las pruebas mismas pueden ser beneficiosas porque nos llevan de nuevo a la verdadera fuente de gozo: Dios.*

Considérense muy dichosos cuando tengan que enfrentarse con diversas pruebas, pues ya saben que la prueba de su fe produce constancia. Y la constancia debe llevar a feliz término la obra, para que sean perfectos e íntegros, sin que les falte nada. Si a alguno de ustedes le falta sabiduría, pídasela a Dios, y él se la dará, pues Dios da a todos generosamente sin menospreciar a nadie. Pero que pida con fe, sin dudar, porque quien duda es como las olas del mar, agitadas y llevadas de un lado a otro por el viento. Quien es así no piense que va a recibir cosa alguna del Señor; es indeciso e inconstante en todo lo que hace.

El hermano de condición humilde debe sentirse orgulloso de su alta dignidad, y el rico, de su humilde condición. El rico pasará como la flor del campo. El sol, cuando sale, seca la planta con su calor abrasador. A ésta se le cae la flor y pierde su belleza. Así se marchitará también el rico en todas sus empresas.

Dichoso el que resiste la tentación porque, al salir aprobado, recibirá la corona de la vida que Dios ha prometido a quienes lo aman.

Que nadie, al ser tentado, diga: «Es Dios quien me tienta.» Porque Dios no puede ser tentado por el mal, ni tampoco tienta él a nadie. Todo lo contrario, cada uno es tentado cuando sus propios malos deseos lo arrastran y seducen. Luego, cuando el deseo ha concebido, engendra el pecado; y el pecado, una vez que ha sido consumado, da a luz la muerte.

Mis queridos hermanos, no se engañen. Toda buena dádiva y todo don perfecto descienden de lo alto, donde está el Padre que creó las lumbreras celestes, y que no cambia como los astros ni se mueve como las sombras.

CELEBRACIONES GOZOSAS

En el Antiguo Testamento, las personas a menudo respondían a las bendiciones de Dios con celebraciones gozosas. Juntarse intencionalmente para recordar a Dios estimulaba el gozo en los corazones de las personas. La fiesta anual de los Tabernáculos proporcionaba especialmente una oportunidad para que los israelitas celebrasen la bondad de Dios, ya

que el enfoque era la bendición de Dios sobre
sus cosechas y la obra de sus manos. Moisés
enseñó a los israelitas a hacer de esta fiesta una
ocasión para expresar su gozo.

«Al terminar la vendimia y la cosecha del trigo, celebrarás durante siete días la fiesta de las
Enramadas. Te alegrarás en la fiesta junto con tus
hijos y tus hijas, tus esclavos y tus esclavas, y los
levitas, extranjeros, huérfanos y viudas que vivan
en tus ciudades. Durante siete días celebrarás esta
fiesta en honor al Señor tu Dios, en el lugar que
él elija, pues el Señor tu Dios bendecirá toda tu
cosecha y todo el trabajo de tus manos. Y tu alegría será completa.

»Tres veces al año todos tus varones se presentarán ante el Señor tu Dios, en el lugar que él
elija, para celebrar las fiestas de los Panes sin levadura, de las Semanas y de las Enramadas. Nadie
se presentará ante el Señor con las manos vacías.
Cada uno llevará ofrendas, según lo haya bendecido el Señor tu Dios.»

Otra celebración gozosa narrada en el Antiguo
Testamento ocurrió cuando David recuperó el
arca del pacto de manos de los filisteos. David
entendió el poder de la presencia de Dios en
el centro de la vida y la comunidad israelita.
Después de construir una tienda para albergar

el arca, escribió un grandioso cántico para cele-
brar a Dios por lo que Él es y por lo que había
hecho una y otra vez por Israel.

David ordenó, por primera vez, que Asaf y sus
compañeros fueran los encargados de esta alabanza al SEÑOR:

> «¡Alaben al SEÑOR, proclamen su nombre,
>   testifiquen de sus proezas entre los
>   pueblos!
> ¡Cántenle, cántenle salmos!
>   ¡Hablen de sus maravillosas obras!
> ¡Gloríense en su nombre santo!
>   ¡Alégrense de veras los que buscan al
>   SEÑOR!
> ¡Refúgiense en el SEÑOR y en su fuerza,
>   busquen siempre su presencia!
>
> ¡Recuerden las maravillas que ha realizado,
>   los prodigios y los juicios que ha
>   emitido!
> »Descendientes de Israel, su siervo,
>   hijos de Jacob, sus elegidos:
> el SEÑOR es nuestro Dios,
>   sus juicios rigen en toda la tierra.
>
> Él se acuerda siempre de su pacto,
>   de la palabra que dio a mil
>   generaciones;

del pacto que hizo con Abraham,
   y del juramento que le hizo a Isaac,
que confirmó como estatuto para Jacob,
   como pacto eterno para Israel:
"A ti te daré la tierra de Canaán
   como la herencia que te corresponde."

Cuando apenas eran un puñado de
         vivientes,
   unos cuantos extranjeros en la tierra,
cuando iban de nación en nación
   y pasaban de reino en reino,
Dios no permitió que los oprimieran;
   por amor a ellos advirtió a los reyes:
"¡No toquen a mis ungidos!
   ¡No maltraten a mis profetas!"

»¡Que toda la tierra cante al Señor!
   ¡Proclamen su salvación cada día!
Anuncien su gloria entre las naciones,
   y sus maravillas a todos los pueblos.

Porque el Señor es grande,
   y digno de toda alabanza;
¡más temible que todos los dioses!
   Nada son los dioses de los pueblos,
pero el Señor fue quien hizo los cielos;
   esplendor y majestad hay en su
         presencia;
poder y alegría hay en su santuario.

»Tributen al S<small>EÑOR</small>, familias de los
        pueblos,
    tributen al S<small>EÑOR</small> la gloria y el poder;
tributen al S<small>EÑOR</small> la gloria que
        corresponde a su nombre;
    preséntense ante él con ofrendas,
adoren al S<small>EÑOR</small> en su hermoso santuario.
    ¡Que tiemble ante él toda la tierra!
Él afirmó el mundo, y éste no se moverá.

¡Alégrense los cielos, y regocíjese la tierra!
    Digan las naciones: "¡El S<small>EÑOR</small> reina!"
»¡Que resuene el mar y todo cuanto
        contiene!
    ¡Que salte de alegría el campo y lo que
        hay en él!
¡Que los árboles del campo canten de
        gozo ante el S<small>EÑOR</small>,
    porque él ha venido a juzgar a la tierra!

»¡Alaben al S<small>EÑOR</small> porque él es bueno,
    y su gran amor perdura para siempre!
Díganle: "¡Sálvanos, oh Dios, Salvador
        nuestro!
    Reúnenos y líbranos de entre los
        paganos,
y alabaremos tu santo nombre
    y nos regocijaremos en tu alabanza."
¡Bendito sea el S<small>EÑOR</small>, Dios de Israel,
    desde siempre y para siempre!»

Y todo el pueblo respondió: «Amén», y alabó al SEÑOR.

Un poco más de trescientos cincuenta años después de la muerte de David, los babilonios exiliaron al pueblo de Israel del reino del sur de Judá. El magnífico templo que edificó Salomón, el hijo de David, fue destruido. Aproximadamente setenta años después, según el plan de Dios, el pueblo comenzó a regresar a casa e inmediatamente comenzaron a reconstruir el templo. Sin embargo, la oposición de pueblos vecinos hizo detener el proyecto. Dios hizo uso del corazón de un gobernante extranjero con un poder inmenso, el rey Darío de Persia (también conocido como el rey de Asiria), para demandar que la oposición cesara y permitiera que se terminara el templo. Finalmente, veinte años después de que comenzara la obra, se terminó el segundo templo. Con gozo, los exiliados que habían regresado dedicaron el templo y aproximadamente un mes después celebraron la Pascua (una fiesta anual para conmemorar la noche en Egipto en la que Dios «pasó de largo» de todos los israelitas que tenían la sangre del cordero en los dinteles de sus hogares, perdonando así las vidas de sus hijos primogénitos) y la fiesta de los Panes sin levadura (una fiesta de siete días que comenzaba el día después de la Pascua, donde los israelitas comían solamente

pan sin levadura y presentaban sus primeros fru-
tos de la cosecha a los sacerdotes).

Tatenay, gobernador de la provincia al oeste
del río Éufrates, y Setar Bosnay y sus compañeros
cumplieron al pie de la letra lo que el rey Darío les
había ordenado. Así los dirigentes judíos pudie-
ron continuar y terminar la obra de reconstrucción, conforme a la palabra de los profetas Hageo
y Zacarías hijo de Idó. Terminaron, pues, la obra
de reconstrucción, según el mandato del Dios de
Israel y por decreto de Ciro, Darío y Artajerjes,
reyes de Persia. La reconstrucción del templo se
terminó el día tres del mes de adar, en el año sexto
del reinado de Darío.

Entonces los israelitas —es decir, los sacerdotes, los levitas y los demás que regresaron del cautiverio—, llenos de júbilo dedicaron el templo de
Dios. Como ofrenda de dedicación, ofrecieron a
Dios cien becerros, doscientos carneros, cuatro-
cientos corderos y doce chivos, conforme al nú-
mero de las tribus de Israel, para expiación por el
pecado del pueblo. Luego, según lo que está escrito en el libro de Moisés, instalaron a los sacerdotes en sus turnos y a los levitas en sus funciones,
para el culto que se ofrece a Dios en Jerusalén.

Los que regresaron del cautiverio celebraron la
Pascua el día catorce del mes primero. Los sacerdotes y levitas se habían unido para purificarse y,

ya estando ritualmente limpios, mataron el cordero pascual por todos los que habían regresado del cautiverio, por sus compañeros los sacerdotes y por ellos mismos. Los israelitas que regresaron del cautiverio comieron la Pascua junto con los que se habían apartado de la impureza de sus vecinos para seguir al SEÑOR, Dios de Israel. Durante siete días celebraron con mucho gozo la fiesta de los Panes sin levadura, porque el SEÑOR les había devuelto la alegría y había hecho que el rey de Persia los ayudara y permitiera reconstruir el templo del Dios de Israel.

GOZO A PESAR DE NUESTRAS CIRCUNSTANCIAS

Antes del exilio y el regreso del reino del sur de Judá, había una oscura temporada. El pueblo estuvo liderado, casi sin interrupción, por una sucesión de reyes malvados. Habacuc fue un profeta que intentó desesperadamente hacer que la gente regresara al buen camino. Le preguntó a Dios cuánto tiempo iba a permitir que la injusticia y la maldad continuaran antes de disciplinar a la nación. Dios informó al profeta que iba a usar a los babilonios para tratar la persistente desobediencia de Judá. Habacuc luchó con esta idea al principio, pero al final encontró la determinación. Aunque el pueblo de Dios iba a pasar por una época difícil, Habacuc sabía que podían retener su gozo basados en lo que Dios había hecho por ellos en el pasado y sus promesas para el futuro.

Señor, he sabido de tu fama;
    tus obras, Señor, me dejan pasmado.
Realízalas de nuevo en nuestros días,
    dalas a conocer en nuestro tiempo;
en tu ira, ten presente tu misericordia.

De Temán viene Dios,
    del monte de Parán viene el Santo.

Selah

Su gloria cubre el cielo
    y su alabanza llena la tierra.
Su brillantez es la del relámpago;
    rayos brotan de sus manos;
¡tras ellos se esconde su poder!
    Una plaga mortal lo precede,
un fuego abrasador le sigue los pasos.
    Se detiene, y la tierra se estremece;
lanza una mirada, y las naciones tiemblan.
    Se desmoronan las antiguas montañas
y se desploman las viejas colinas,
    pero los caminos de Dios son eternos.
He visto afligidos los campamentos de
        Cusán,
    y angustiadas las moradas de Madián.

¿Te enojaste, oh SEÑOR, con los ríos?
    ¿Estuviste airado contra las corrientes?
¿Tan enfurecido estabas contra el mar
    que cabalgaste en tus caballos
y montaste en tus carros victoriosos?
    Descubriste tu arco,
llenaste de flechas tu aljaba.   *Selah*
    Tus ríos surcan la tierra;
las montañas te ven y se retuercen.
    Pasan los torrentes de agua,
y ruge el abismo, levantando sus manos.

El sol y la luna se detienen en el cielo
    por el fulgor de tus veloces flechas,
por el deslumbrante brillo de tu lanza.
    Indignado, marchas sobre la tierra;
lleno de ira, trillas a las naciones.
    Saliste a liberar a tu pueblo,
saliste a salvar a tu ungido.
    Aplastaste al rey de la perversa dinastía,
¡lo desnudaste de pies a cabeza!   *Selah*
    Con tu lanza les partiste la cabeza a sus
            guerreros,
que enfurecidos querían dispersarme,
    que con placer arrogante se lanzaron
            contra mí,
como quien se lanza contra un pobre
            indefenso.
    Pisoteaste el mar con tus corceles,
agitando las inmensas aguas.

Al oírlo, se estremecieron mis entrañas;
   a su voz, me temblaron los labios;
la carcoma me caló en los huesos,
   y se me aflojaron las piernas.
Pero yo espero con paciencia
   el día en que la calamidad
vendrá sobre la nación que nos invade.
   Aunque la higuera no dé renuevos,
ni haya frutos en las vides;
   aunque falle la cosecha del olivo,
y los campos no produzcan alimentos;
   aunque en el aprisco no haya ovejas,
ni ganado alguno en los establos;
   aun así, yo me regocijaré en el Señor,
¡me alegraré en Dios, mi libertador!

El Señor omnipotente es mi fuerza;
   da a mis pies la ligereza de una gacela
y me hace caminar por las alturas.

Así como el pueblo de Dios encontró gozo y fortaleza en las promesas de Dios en medio de tiempos oscuros durante los días de Habacuc, Jesús y sus promesas fueron una fuente de consuelo y fortaleza para sus discípulos mientras se preparaban para su muerte. Pocas horas antes de ser crucificado, Jesús se sentó con ellos y les reafirmó que su dolor duraría poco; tres días para ser exactos. Después de ese tiempo, algo

iba a suceder que aseguraría su gozo en todas
las circunstancias.

Se acercaba la fiesta de la Pascua. Jesús sabía que le había llegado la hora de abandonar este mundo para volver al Padre. Y habiendo amado a los suyos que estaban en el mundo, los amó hasta el fin.

»Dentro de poco ya no me verán; pero un poco después volverán a verme.

Algunos de sus discípulos comentaban entre sí: «¿Qué quiere decir con eso de que "dentro de poco ya no me verán", y un poco después volverán a verme", y "porque voy al Padre"?» E insistían: «¿Qué quiere decir con eso de "dentro de poco"? No sabemos de qué habla.»

Jesús se dio cuenta de que querían hacerle preguntas acerca de esto, así que les dijo:

—¿Se están preguntando qué quise decir cuando dije: "Dentro de poco ya no me verán", y un poco después volverán a verme"? Ciertamente les aseguro que ustedes llorarán de dolor, mientras que el mundo se alegrará. Se pondrán tristes, pero su tristeza se convertirá en alegría. La mujer que está por dar a luz siente dolores porque ha llegado su momento, pero en cuanto nace la criatura se olvida de su angustia por la alegría de haber traído al mundo un nuevo ser. Lo mismo les pasa a ustedes: Ahora están tristes, pero cuando vuelva a verlos se alegrarán, y nadie les va a quitar esa alegría. En aquel día ya no me preguntarán nada. Ciertamente les aseguro que mi Padre les dará todo lo que le pidan en mi nombre. Hasta ahora no han pedido nada en mi nombre. Pidan y recibirán, para que su alegría sea completa.

Uno de estos discípulos, el apóstol Pablo, más adelante escribió un gozoso tratado mientras estaba en arresto domiciliario y encadenado a un guardia romano. En una carta apasionada a la iglesia en Filipo, Pablo expresó fervientemente su gozo en Cristo. La mitad de las lecciones acerca de aumentar nuestro gozo las «enseñó» Pablo explícitamente. La mitad de las lecciones se «captan» implícitamente observando cómo Pablo encontraba gozo a pesar de sus circunstancias. En la apertura de la carta, observamos que él encontró gozo en las personas que Dios había puesto en su vida. Después aprendemos que Pablo incluso vio su encarcelamiento como una bendición, porque le ayudaba a llevar la atención al mensaje del evangelio.

Pablo y Timoteo, siervos de Cristo Jesús,

a todos los santos en Cristo Jesús que están en Filipos, junto con los obispos y diáconos:

Que Dios nuestro Padre y el Señor Jesucristo les concedan gracia y paz.

Doy gracias a mi Dios cada vez que me acuerdo de ustedes. En todas mis oraciones por todos ustedes, siempre oro con alegría, porque han participado en el evangelio desde el primer día hasta ahora. Estoy convencido de esto: el que comenzó tan buena obra en ustedes la irá perfeccionando hasta el día de Cristo Jesús. Es justo que yo piense así de todos ustedes porque los llevo en el corazón; pues, ya sea que me encuentre preso o defendiendo y confirmando el evangelio, todos ustedes participan conmigo de la gracia que Dios me ha dado. Dios es testigo de cuánto los quiero a todos con el entrañable amor de Cristo Jesús.

Esto es lo que pido en oración: que el amor de ustedes abunde cada vez más en conocimiento y en buen juicio, para que disciernan lo que es mejor, y sean puros e irreprochables para el día de Cristo, llenos del fruto de justicia que se produce por medio de Jesucristo, para gloria y alabanza de Dios.

Hermanos, quiero que sepan que, en realidad, lo que me ha pasado ha contribuido al avance del evangelio. Es más, se ha hecho evidente a toda la guardia del palacio y a todos los demás que estoy encadenado por causa de Cristo. Gracias a mis cadenas, ahora más que nunca la mayoría de los hermanos, confiados en el Señor, se han atrevido a anunciar sin temor la palabra de Dios.

Es cierto que algunos predican a Cristo por envidia y rivalidad, pero otros lo hacen con buenas intenciones. Estos últimos lo hacen por amor, pues saben que he sido puesto para la defensa del evangelio. Aquéllos predican a Cristo por ambición personal y no por motivos puros, creyendo que así van a aumentar las angustias que sufro en mi prisión.

¿Qué importa? Al fin y al cabo, y sea como sea, con motivos falsos o con sinceridad, se predica a Cristo. Por eso me alegro; es más, seguiré alegrándome porque sé que, gracias a las oraciones de ustedes y a la ayuda que me da el Espíritu de Jesucristo, todo esto resultará en mi liberación.

Pablo también enseñó a los creyentes filipenses sobre cómo levantarse sobre el temor que incitaban los que se oponían a ellos. Él les invitó a quitar de su vocabulario la queja y la discusión como una manera de aumentar su gozo. La fuente definitiva de gozo está en conocer mejor a Cristo, así que Pablo animó a sus lectores a dejar tras ellos el pasado y a permanecer enfocados en el futuro, entregándole todos sus problemas a Dios y recordando sus bendiciones continuamente.

Pase lo que pase, compórtense de una manera digna del evangelio de Cristo. De este modo, ya sea que vaya a verlos o que, estando ausente, sólo tenga noticias de ustedes, sabré que siguen firmes en un mismo propósito, luchando unánimes por la fe del evangelio y sin temor alguno a sus adversarios, lo cual es para ellos señal de destrucción. Para ustedes, en cambio, es señal de salvación, y esto proviene de Dios. Porque a ustedes se les ha concedido no sólo creer en Cristo, sino también sufrir por él, pues sostienen la misma lucha que antes me vieron sostener, y que ahora saben que sigo sosteniendo.

Así que, mis queridos hermanos, como han obedecido siempre —no sólo en mi presencia sino mucho más ahora en mi ausencia— lleven a cabo su salvación con temor y temblor, pues Dios es quien produce en ustedes tanto el querer como el hacer para que se cumpla su buena voluntad.

Háganlo todo sin quejas ni contiendas, para que sean intachables y puros, hijos de Dios sin culpa en medio de una generación torcida y depravada. En ella ustedes brillan como estrellas en el firmamento, manteniendo en alto la palabra de vida. Así en el día de Cristo me sentiré satisfecho de no haber corrido ni trabajado en vano. Y aunque mi vida fuera derramada sobre el sacrificio y servicio que proceden de su fe, me alegro y comparto con todos ustedes mi alegría. Así también ustedes, alégrense y compartan su alegría conmigo.

Por lo demás, hermanos míos, alégrense en el Señor. Para mí no es molestia volver a escribirles lo mismo, y a ustedes les da seguridad.

Cuídense de esos perros, cuídense de esos que hacen el mal, cuídense de esos que mutilan el cuerpo. Porque la circuncisión somos nosotros, los que por medio del Espíritu de Dios adoramos, nos enorgullecemos en Cristo Jesús y no ponemos nuestra confianza en esfuerzos humanos. Yo mismo tengo motivos para tal confianza. Si cualquier otro cree tener motivos para confiar en esfuerzos humanos, yo más: circuncidado al octavo día, del pueblo de Israel, de la tribu de Benjamín, hebreo de pura cepa; en cuanto a la interpretación de la ley, fariseo; en cuanto al celo, perseguidor de la iglesia; en cuanto a la justicia que la ley exige, intachable.

Sin embargo, todo aquello que para mí era ganancia, ahora lo considero pérdida por causa de Cristo. Es más, todo lo considero pérdida por razón del incomparable valor de conocer a Cristo Jesús, mi Señor. Por él lo he perdido todo, y lo tengo por estiércol, a fin de ganar a Cristo y encontrarme unido a él. No quiero mi propia justicia que procede de la ley, sino la que se obtiene mediante la fe en Cristo, la justicia que procede de Dios, basada en la fe. Lo he perdido todo a fin de conocer a Cristo, experimentar el poder que se manifestó en su resurrección, participar en sus sufrimientos y llegar a ser semejante a él en su muerte. Así espero alcanzar la resurrección de entre los muertos.

No es que ya lo haya conseguido todo, o que ya sea perfecto. Sin embargo, sigo adelante esperando alcanzar aquello para lo cual Cristo Jesús me alcanzó a mí. Hermanos, no pienso que yo mismo lo haya logrado ya. Más bien, una cosa hago: olvidando lo que queda atrás y esforzándome por alcanzar lo que está delante, sigo avanzando hacia la meta para ganar el premio que Dios ofrece mediante su llamamiento celestial en Cristo Jesús.

Así que, ¡escuchen los perfectos! Todos debemos tener este modo de pensar. Y si en algo piensan de forma diferente, Dios les hará ver esto también. En todo caso, vivamos de acuerdo con lo que ya hemos alcanzado.

Hermanos, sigan todos mi ejemplo, y fíjense en los que se comportan conforme al modelo que les hemos dado. Como les he dicho a menudo, y ahora lo repito hasta con lágrimas, muchos se comportan como enemigos de la cruz de Cristo. Su destino es la destrucción, adoran al dios de sus propios deseos y se enorgullecen de lo que es su vergüenza. Sólo piensan en lo terrenal. En cambio, nosotros somos ciudadanos del cielo, de donde anhelamos recibir al Salvador, el Señor Jesucristo. Él transformará nuestro cuerpo miserable para que sea como su cuerpo glorioso, mediante el poder con que somete a sí mismo todas las cosas.

Por lo tanto, queridos hermanos míos, a quienes amo y extraño mucho, ustedes que son mi alegría y mi corona, manténganse así firmes en el Señor.

Ruego a Evodia y también a Síntique que se pongan de acuerdo en el Señor. Y a ti, mi fiel compañero, te pido que ayudes a estas mujeres que han luchado a mi lado en la obra del evangelio, junto con Clemente y los demás colaboradores míos, cuyos nombres están en el libro de la vida.

Alégrense siempre en el Señor. Insisto: ¡Alégrense! Que su amabilidad sea evidente a todos. El Señor está cerca. No se inquieten por nada; más bien, en toda ocasión, con oración y ruego, presenten sus peticiones a Dios y denle gracias. Y la paz de Dios, que sobrepasa todo entendimiento, cuidará sus corazones y sus pensamientos en Cristo Jesús.

Por último, hermanos, consideren bien todo lo verdadero, todo lo respetable, todo lo justo, todo lo puro, todo lo amable, todo lo digno de admiración, en fin, todo lo que sea excelente o merezca elogio. Pongan en práctica lo que de mí han aprendido, recibido y oído, y lo que han visto en mí, y el Dios de paz estará con ustedes.

Pablo redondeó sus pensamientos mostrando el secreto para el contentamiento a pesar de las variantes circunstancias de la vida.

Me alegro muchísimo en el Señor de que al fin hayan vuelto a interesarse en mí. Claro está que tenían interés, sólo que no habían tenido la oportunidad de demostrarlo. No digo esto porque esté necesitado, pues he aprendido a estar satisfecho en cualquier situación en que me encuentre. Sé lo que es vivir en la pobreza, y lo que es vivir en la abundancia. He aprendido a vivir en todas y cada una de las circunstancias, tanto a quedar saciado como a pasar hambre, a tener de sobra como a sufrir escasez. Todo lo puedo en Cristo que me fortalece.

Como Pablo, el apóstol Pedro también enseñó mediante sus cartas a los cristianos dispersos por Asia Menor que los creyentes están en posición de experimentar gozo a pesar y debido a sus difíciles circunstancias. Lo mismo es cierto para los seguidores de Jesús hoy día.

¡Alabado sea Dios, Padre de nuestro Señor Jesucristo! Por su gran misericordia, nos ha hecho nacer de nuevo mediante la resurrección de Jesucristo, para que tengamos una esperanza viva y recibamos una herencia indestructible, incontaminada e inmarchitable. Tal herencia está reservada en el cielo para ustedes, a quienes el poder de Dios protege mediante la fe hasta que llegue la salvación que se ha de revelar en los últimos tiempos. Esto es para ustedes motivo de gran alegría, a pesar de que hasta ahora han tenido que sufrir diversas pruebas por un tiempo. El oro, aunque perecedero, se acrisola al fuego. Así también la fe de ustedes, que vale mucho más que el oro, al ser acrisolada por las pruebas demostrará que es digna de aprobación, gloria y honor cuando Jesucristo se revele. Ustedes lo aman a pesar de no haberlo visto; y aunque no lo ven ahora, creen en él y se alegran con un gozo indescriptible y glorioso, pues están obteniendo la meta de su fe, que es su salvación.

Queridos hermanos, no se extrañen del fuego de la prueba que están soportando, como si fuera algo insólito. Al contrario, alégrense de tener parte en los sufrimientos de Cristo, para que también sea inmensa su alegría cuando se revele la gloria de Cristo. Dichosos ustedes si los insultan por causa del nombre de Cristo, porque el glorioso Espíritu de Dios reposa sobre ustedes. Que ninguno tenga que sufrir por asesino, ladrón o delincuente, ni siquiera por entrometido. Pero si alguien sufre por ser cristiano, que no se avergüence, sino que alabe a Dios por llevar el nombre de Cristo.

Humíllense, pues, bajo la poderosa mano de Dios, para que él los exalte a su debido tiempo. Depositen en él toda ansiedad, porque él cuida de ustedes.

Practiquen el dominio propio y manténganse alerta. Su enemigo el diablo ronda como león rugiente, buscando a quién devorar. Resístanlo, manteniéndose firmes en la fe, sabiendo que sus hermanos en todo el mundo están soportando la misma clase de sufrimientos.

Y después de que ustedes hayan sufrido un poco de tiempo, Dios mismo, el Dios de toda gracia que los llamó a su gloria eterna en Cristo, los restaurará y los hará fuertes, firmes y estables. A él sea el poder por los siglos. Amén.

Índice de citas bíblicas

Nos agradaría recibir noticias suyas.
Por favor, envíe sus comentarios sobre este libro
a la dirección que aparece a continuación.
Muchas gracias.

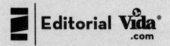

Vida@zondervan.com
www.editorialvida.com